玩出健康好宝宝

WAN CHU JIANKANG HAO BAOBAO

摩天文传 著

广西人民出版社

图书在版编目（CIP）数据

玩出健康好宝宝 / 摩天文传著. —南宁：广西人民出版社，2013.7

（玩出好宝宝）

ISBN 978-7-219-08369-7

Ⅰ.①玩… Ⅱ.①摩… Ⅲ.①游戏—家庭教育—儿童教育 Ⅳ.①G78

中国版本图书馆CIP数据核字（2013）第084434号

监　　制　白竹林
策划编辑　郑　洁
责任编辑　周月华　郑　洁　张　凡

出版发行　广西人民出版社
社　　址　广西南宁市桂春路6号
邮　　编　530028
网　　址　http://www.gxpph.cn
印　　刷　广西大一迪美印刷有限公司
开　　本　787mm×1092mm　1/16
印　　张　8
字　　数　10千字
版　　次　2013年7月　第1版
印　　次　2013年7月　第1次印刷
书　　号　ISBN 978-7-219-08369-7/G・1743
定　　价　28.00元

前言

自宝宝们诞生那一刻起，他们在成长道路上的一举一动便牵动着父母以及关心他们的亲朋好友的心。从他们呱呱落地开始，他们便要面对从依赖到独立，从家庭到社会等各种各样的挑战。让自己的孩子成长为一个健康的好宝宝，这是每个为人父母者的心愿。

一个健康的好宝宝，可以以他们的体重、身高、身体活动协调性、语言、交流技巧等指标去衡量，这就意味着家长在培养宝宝的时候，需要综合考虑到与他们年龄相对应的各项指标。俗话说得好，身体是工作的本钱，宝宝只有健康快乐地成长，才能更好地应对未来生活和工作的各种挑战。如何通过科学有效地锻炼宝宝的四肢关节和肌肉，以及培养宝宝各项活动的协调能力来促进宝宝的健康成长，成了不少父母必须面对的问题。

我们深知爱玩是宝宝的天性，而游戏是最能刺激宝宝四肢活动和大脑发育的，所以《玩出健康好宝宝》一书便以好玩、有趣、实用、科学的游戏为主体，图文并茂，力求为家长在培养宝宝健康成长的过程中提供最实用的指导。

无论您是有过当父母的经验还是第一次为人父母，我们相信这本书都可以为您和您的宝宝带来帮助。

最后，由衷感谢皮皮熊儿童摄影团队为本书拍摄精美图片。

CONTENTS 目录

Chapter 1 0~6个月

Chapter 2 6个月～1岁

Chapter 3 1～2岁

Chapter 4 2~3岁

Chapter 5　3岁以上

1

Chapter

0~6个月

这个时期是宝宝头颈控制能力的起步阶段，家长可以让宝宝仰卧在床上，通过各种小道具来刺激宝宝，引导宝宝随着道具的移动而抬起或转动颈部，也可以同时引导宝宝运动自己的手臂和小腿，促进宝宝的身体机能的发育。不过家长们要注意的是，3 个月大的宝宝可以抬头，但不宜长时间持续，6 个月大的宝宝虽然可以坐了，但也不宜让宝宝久坐，要注意让宝宝躺下来休息。当宝宝和家长完成游戏时，家长要夸奖宝宝，让宝宝知道运动会让父母高兴。

1 小手指高高

适宜年龄：0~3 个月。
游戏目的：提高宝宝的动手能力。
游戏场所：光线充足、柔和的安静室内，柔软的床上。
游戏时间：每次 2 分钟，可重复 3~5 次。

温馨提示：

宝宝的这种抓握能力是天生的，早期培养宝宝的抓握能力，可以锻炼宝宝的手指关节。

还可以这样玩：

妈妈可以让宝宝抓握一些小玩具，例如海绵小球、毛绒小玩具等。

家长笔记

游戏步骤

1 STEP

妈妈把两个食指分别放到宝宝的两边手心。

2 STEP

等宝宝自觉握住妈妈的手指，妈妈表现出很高兴和满意的样子。

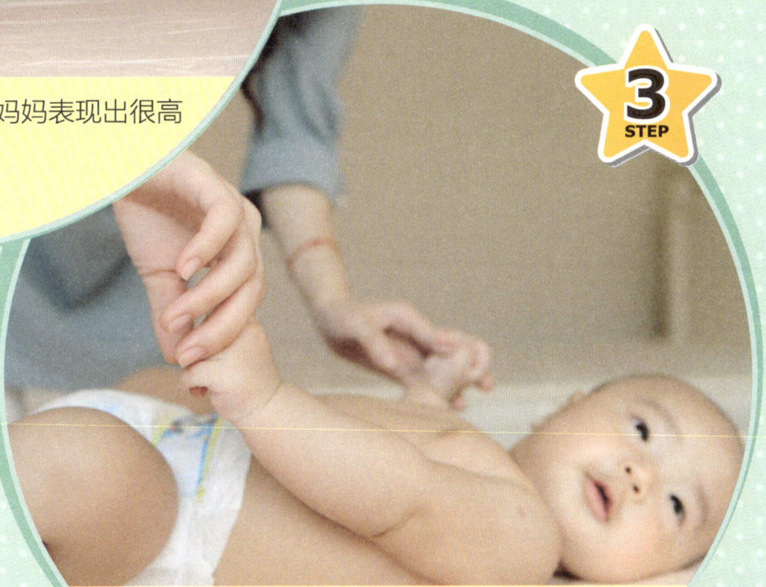

3 STEP

妈妈慢慢抬起手指，牵引宝宝慢慢抬起手臂。当宝宝完全举起手臂后，妈妈再慢慢引导宝宝放下手臂，如此反复几次。

游戏完成度 ☆☆☆☆☆

宝宝活跃度 ☆☆☆☆☆

家长满意度 ☆☆☆☆☆

2 宝宝爱体操

适宜年龄：0~3 个月。

游戏目的：锻炼宝宝的下肢关节和肌肉，促进宝宝身体运动能力的发展。

游戏场所：光线充足、柔和的安静室内，柔软的床上。

游戏时间：每次 2 分钟，可重复 3~5 次。

温馨提示：

游戏中如果发现宝宝有些紧张、烦躁，可先暂停游戏，用抚摩皮肤的方式，让宝宝放松下来。

还可以这样玩：

可以在宝宝的腿部系上铃铛，当宝宝做运动的时候铃铛会发出声音，使游戏更有趣些。

家长笔记

游戏步骤

让宝宝仰卧在床上，妈妈握着宝宝的双脚轻轻抬起，与床面呈 45 度角。

妈妈把宝宝的双腿轻轻往腹部推 .

妈妈把宝宝的双腿轻轻拉直，平放于床面，让宝宝舒服地仰卧。

游戏完成度
☆☆☆☆☆
宝宝活跃度
☆☆☆☆☆
家长满意度
☆☆☆☆☆

3 宝宝“看”声音

适宜年龄：0~3 个月。
游戏目的：锻炼宝宝的颈部肌肉。
游戏场所：光线充足、柔和的室内。
游戏道具：一个铃铛。
游戏时间：每次 2 分钟，可重复 2~3 次。

温馨提示：

铃铛慢慢地从宝宝眼前开始上升，引导宝宝抬头、转动脑袋。需要注意的是，这个时候宝宝还不宜长时间抬头，妈妈要注意让宝宝休息。

还可以这样玩：

游戏结束后，可以让宝宝手抓着铃铛，妈妈协助宝宝摇晃铃铛，发出声音。

家长笔记

游戏步骤

1 STEP

先让宝宝舒服地趴在床上，并轻轻抚摸宝宝背部让宝宝充分放松。

2 STEP

妈妈在宝宝的左边摇晃铃铛，并告诉宝宝："宝宝往这边看，铃铛铃铛在这里。"

3 STEP

妈妈在宝宝的头部上方摇晃铃铛，并告诉宝宝："宝宝往上看，铃铛铃铛在这里。"

游戏完成度 ☆☆☆☆☆

宝宝活跃度 ☆☆☆☆☆

家长满意度 ☆☆☆☆☆

4 飞机呼呼来

适宜年龄：0~3 个月。
游戏目的：锻炼宝宝颈部肌肉的力量，提高宝宝的身体控制能力。
游戏场所：光线充足、柔和的安静室内，柔软的床或沙发上都可以。
游戏道具：一个玩具飞机。
游戏时间：每次 3 分钟，可重复 2~3 次。

温馨提示：

这时候的宝宝的视觉范围还比较窄，飞机的移动范围距离宝宝不能超过 2 米，而且移动的速度要慢一些。

还可以这样玩：

可以使用玩具蝴蝶、玩具小鸟等代替飞机，同时可以播放跟飞翔有关的儿童歌曲。

家长笔记

游戏步骤

妈妈拿着玩具飞机飞到宝宝面前吸引宝宝的目光，对宝宝说：“宝宝，飞机呼呼来了。”

妈妈一边将玩具飞机从左向右慢慢移动，一边对宝宝说：“飞机飞过了高山，飞过了大河，向宝宝呼呼飞来。”

当妈妈把玩具飞机移动到宝宝身边时，妈妈说：“飞机到站了。”妈妈抬起宝宝的小手，让宝宝摸摸飞机。

游戏完成度 ☆☆☆☆☆

宝宝活跃度 ☆☆☆☆☆

家长满意度 ☆☆☆☆☆

5 大力士找饼干

适宜年龄：3~6 个月。

游戏目的：训练宝宝的观察力，同时让宝宝体会努力之后得到食物的快乐。

游戏场所：光线充足的安静室内或室外都可以。

游戏道具：一些小饼干。

游戏时间：每次 3 分钟。

温馨提示：

小饼干主要是为了引起宝宝的兴趣，如果宝宝对小饼干没有兴趣，可以换成其他宝宝感兴趣的东西。这个年龄段的宝宝还不宜久坐，妈妈要适时让宝宝躺下来休息。

还可以这样玩：

家长可以伸出两个手掌，将小饼干放入其中一个手掌里，然后握紧拳头，再摆动手臂，最后让宝宝找出小饼干在哪个手掌里。

家长笔记

游戏步骤

1 STEP

宝宝坐在妈妈怀中，妈妈张开手掌，让宝宝看到手中的小饼干。

2 STEP

当宝宝注意到小饼干后，妈妈再把手轻轻握起来，手心向上伸到宝宝面前，让宝宝来拿小饼干。

3 STEP

妈妈鼓励和引导宝宝去抠和掰开妈妈的手指，拿出妈妈手中的小饼干。

游戏完成度

☆☆☆☆☆

宝宝活跃度

☆☆☆☆☆

家长满意度

☆☆☆☆☆

6 宝宝空中飞

适宜年龄：3~6 个月。
游戏目的：锻炼宝宝的平衡感，让宝宝的颈部得到锻炼。
游戏场所：柔软的床或沙发上。
游戏时间：每次 1 分钟，可重复 2~3 次。

温馨提示：

当宝宝“飞”在空中时，他的视野会变得不一样，大人可以通过语言或动作缓解宝宝紧张害怕的情绪。

还可以这样玩：

也可以把宝宝横抱在胸前，轻轻地缓慢移动模拟飞翔的状态。

家长笔记

游戏步骤

1 STEP

妈妈平躺好，双手抱住宝宝，让宝宝趴在妈妈身上。

2 STEP

妈妈对宝宝说：“现在，宝宝准备要飞上天了。”妈妈轻柔地将宝宝举起，小幅度左右摆动一下，不停地说：“飞啦！飞啦！”

3 STEP

妈妈慢慢地放低宝宝，让宝宝轻轻地站在妈妈身上，妈妈说：“现在小超人落地了。”

游戏完成度

☆☆☆☆☆

宝宝活跃度

☆☆☆☆☆

家长满意度

☆☆☆☆☆

7 快乐拔河

适宜年龄：3~6 个月。

游戏目的：锻炼宝宝手臂肌肉力量，促进宝宝运动智能发展。

游戏场所：光线充足、柔和的安静室内。

游戏道具：一条手帕。

游戏时间：每次 2 分钟，可重复 2~3 次。

温馨提示：

最好选择一些有图案的手帕，增强宝宝要扯住手帕的意向。在拉手帕过程中，妈妈要注意宝宝的情绪，可以说话鼓励宝宝使劲抓住手帕。

还可以这样玩：

可以换成小毛巾、筷子等不同东西让宝宝抓住，不同的东西有不同的手感，更有益于宝宝的健康成长。

家长笔记

游戏步骤

1 STEP

妈妈面对着宝宝，从背后拿出一条手帕，并在宝宝眼前轻轻晃动，引起宝宝的注意。

2 STEP

妈妈把柔软的手帕的一端放到宝宝的手里，让宝宝使劲抓住手帕，妈妈抓住手帕的另一端，开始拔河。

3 STEP

妈妈的手顺着宝宝的方向倾斜，最后亲亲宝宝，对宝宝说：“宝宝的力气越来越大了。”

游戏完成度

☆☆☆☆☆

宝宝活跃度

☆☆☆☆☆

家长满意度

☆☆☆☆☆

8 宝宝踢气球

适宜年龄：0~3 个月。
游戏目的：让宝宝感受到自己的力量，锻炼宝宝的身体活动能力。
游戏场所：光线充足、柔软暖和的床上。
游戏道具：几个颜色鲜艳的气球。
游戏时间：每次 2 分钟，可重复 2~3 次。

温馨提示：

表面太光滑的球不适合做触觉游戏，选择球面有一定质感或突起的小球，效果更好。

还可以这样玩：

可以选购球体里有铃铛的球型玩具，这样宝宝踢球时玩具会发出声响，宝宝会更有兴趣。

宗长笔记

游戏步骤

把触觉球放到宝宝面前，让宝宝对小球有一个直观的认识。

妈妈握住宝宝的小脚，用触觉球碰碰宝宝的小脚，让宝宝伸缩小脚。

宝宝意识到可以跟小球玩游戏后，妈妈放开宝宝的脚，用小球轻轻碰触宝宝的脚，让宝宝自然与球互动，缩脚或蹬球。

游戏完成度

☆☆☆☆☆

宝宝活跃度

☆☆☆☆☆

家长满意度

☆☆☆☆☆

9 梦幻脚踏车

适宜年龄：3~6 个月。

游戏目的：增强宝宝腿部肌肉力量，促进宝宝肢体动作的协调性。

游戏场所：环境安静，干净的地毯上。

游戏时间：每次 5 分钟。

温馨提示：

换尿布后，宝宝的心情会很好，这时可以做这个游戏来让宝宝延续好心情。

还可以这样玩：

如果宝宝觉得游戏有些闷了，妈妈可以放些轻松愉快的音乐配合游戏，效果会更好。

家长笔记

游戏步骤

1 STEP

让宝宝平躺在床上，妈妈双手握住宝宝的双脚。

2 STEP

妈妈双手带动宝宝双脚左右交互地在空中做出踩踏脚踏车的动作。

3 STEP

当宝宝玩累了，妈妈再慢慢放下宝宝的双脚。最后妈妈亲亲宝宝，以示鼓励。

游戏完成度 ☆☆☆☆☆

宝宝活跃度 ☆☆☆☆☆

家长满意度 ☆☆☆☆☆

10 弯弯腰，捡宝贝

适宜年龄：3~6 个月。
游戏目的：训练宝宝腰部力量，促进宝宝腰部肌肉的发育。
游戏场所：光线充足、柔和的安静室内。
游戏道具：一个彩色的小球。
游戏时间：每次 4 分钟，可重复 3~5 次。

温馨提示：

妈妈扶宝宝时，要有意识地让宝宝双腿能使上劲站立，然后让宝宝上半身稍微前倾，这样宝宝会自然向前跨步。

还可以这样玩：

妈妈可以先用其他东西盖住小球，当走到小球附近的时候，妈妈引导宝宝踢开掩盖物，发现小球，再让宝宝拿起小球。

家长笔记

游戏步骤

1 STEP

妈妈双手扶着宝宝，让宝宝站立，背靠妈妈，妈妈对宝宝说：“现在，我们散散步。”

2 STEP

妈妈扔出事先准备好的彩色小球，告诉宝宝：“那里有个漂亮的小球，宝宝，我们去捡起来。”扶着宝宝走到小球那里。

3 STEP

最后让宝宝坐在妈妈膝盖上，自己拿着小球玩。

游戏完成度

☆☆☆☆☆

宝宝活跃度

☆☆☆☆☆

家长满意度

☆☆☆☆☆

11 成长记录

健康从足部开始

一、脚部按摩小贴士

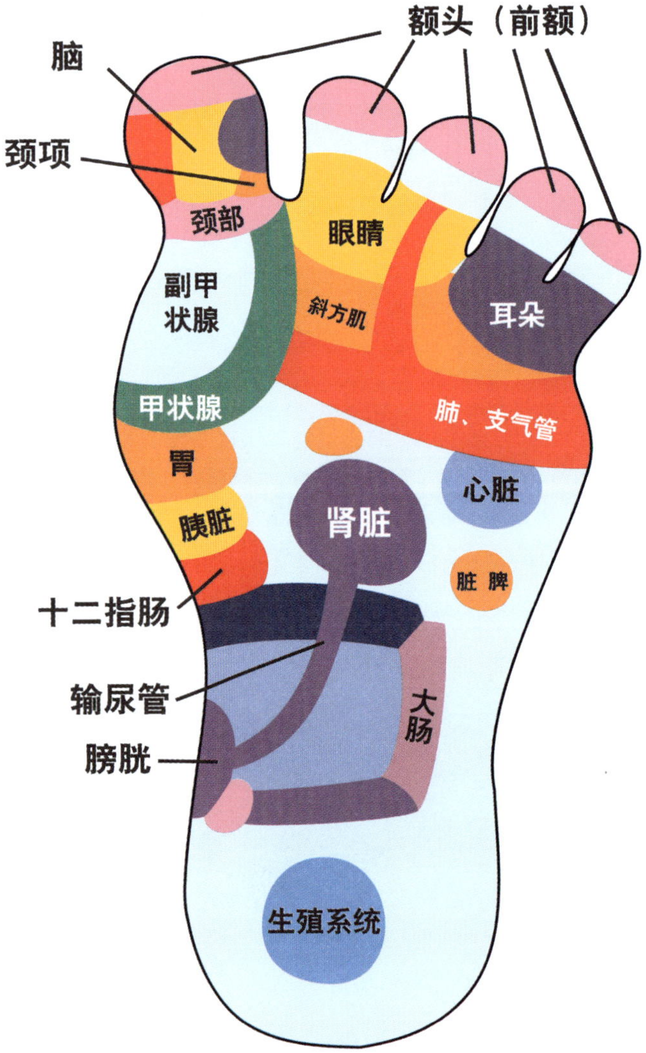

1. 发困、饥饿或哭闹时不能做脚部按摩。按摩和大脑神经有密切关系，因此必须在心情愉悦时按摩。

2. 饭后 30 分钟或 1 小时内，身体会比较舒适，因此最好在这段时间里做脚部按摩。

3. 生病、发热、流鼻血、打预防针后 48 小时以内或改变离乳食品时，都不应该做脚部按摩。

4. 唱歌给宝宝听或播放优美音乐，能稳定宝宝的情绪，并增强按摩的效果。

二、按摩前须知

1. 在按摩前，要先让宝宝洗干净脚部或先洗澡。妈妈要将自己的双手揉搓至温暖，可以在手上抹上婴儿油。

2. 要注意恰当的室内温度，不应过冷或过热，不要用让宝宝感觉不舒服的姿势，最好让宝宝躺在柔软的毛巾上进行按摩。

3. 应该从左脚开始按摩，并且不需要借助任何道具，只需用手轻柔地按摩。

4. 先从基本反射区开始按摩，最后在基本反射区结束，这样才能促进新陈代谢。

5. 按摩结束后要用热毛巾和温水帮宝宝把脚擦干净，给宝宝喝一些温水，排除体内垃圾，并且让宝宝翻身俯卧充分休息。

三、按摩手法

（一）基本反射区按摩

1. 用拇指轻轻按压肾脏反射区，重复3次。
2. 从肾脏反射区向输尿管反射区方向来回反复按摩3~4次。
3. 用拇指在膀胱反射区揉按4~6秒。
4. 再从膀胱反射区向尿道反射区方向来回反复按摩3~4次。

（二）促进大脑发育按摩

1. 用大拇指在大脚趾的脑补反射区，以圆周方向反复按摩3~4次。
2. 稍用力按摩前额反射区较集中的大脚趾尖。
3. 用手指抓住大脚趾尖轻轻旋转，同一方法旋转其他脚趾。

（三）促进生长发育按摩

1. 用大拇指按摩大脚趾中间部位的脑部反射区，重复3次。
2. 用大拇指按摩甲状腺反射区，促进新陈代谢和内分泌。
3. 用大拇指旋转按摩脚跟中央的生殖系统反射区。

ORIGINALS

2

Chapter

6个月~1岁

宝宝6个月以后，身子变得“硬朗”起来，脊部、背部、腰部已经渐渐成长起来，宝宝开始感到自己拥有了无穷的活力。但这时候宝宝的行动控制能力还不强，家长要有意识地让宝宝玩游戏，训练宝宝四肢的灵活性，特别是训练宝宝的爬行能力和平衡感，为宝宝日后行走打下基础。这个时候，家长要让宝宝多动一下，对宝宝的成长有益。

1 宝宝勇敢拿小球

适宜年龄：6~8 个月。
游戏目的：促进宝宝动作协调能力的发展，促进宝宝全身肌肉活动。
游戏场所：光线充足、柔和的安静室内，柔软的床上。
游戏道具：一个小球。
游戏时间：每次 4 分钟，可重复 3~5 次。

温馨提示：

爬行是比较难学的动作，妈妈必须耐心地训练宝宝方能突破这一关。宝宝刚学时，只会后退或以腹部为中心转圈，只有经过训练才能爬行。

还可以这样玩：

可以在小球上系上长条丝带，让宝宝抓着丝带爬行。

家长笔录

游戏步骤

1 STEP

让宝宝俯卧在床上，在宝宝前面放一个小球，妈妈对宝宝说：“宝宝，我们一起去拿球。”

2 STEP

妈妈用两手托住宝宝的左右手臂，引导宝宝向前交替移动，使宝宝可借着推力向前移动身体，爬行取球。

3 STEP

当宝宝学会爬行后让宝宝自己爬行去拿球，宝宝拿到球后妈妈要夸奖宝宝：“真了不起。”

游戏完成度 ☆☆☆☆☆

宝宝活跃度 ☆☆☆☆☆

家长满意度 ☆☆☆☆☆

2 宝宝开心打哇哇

适宜年龄：6~8 个月。

游戏目的：引导宝宝连续而有节奏地发音，培养宝宝说话的兴趣。

游戏场所：环境整洁、宽敞的室内或室外。

游戏时间：每次 3 分钟，可重复 3~5 次。

温馨提示：

宝宝的皮肤还很敏感，拍宝宝嘴巴时动作尽量轻，不要让宝宝感觉到痛。

还可以这样玩：

可以让宝宝和妈妈一起“打哇哇”，像和声唱歌 一样。

家长笔录

游戏步骤

1 STEP

妈妈发出“啊”的声音，并用手在嘴巴上拍，让声音随着拍打变成“哇哇哇”的声音。

2 STEP

妈妈轻轻拍，引导宝宝发出声音，当宝宝发出声音时，妈妈的手在宝宝的嘴上前后移动，让宝宝感受到声音变幻的乐趣。

3 STEP

妈妈引导宝宝自己将手放在嘴上，自己用小手来让声音发生变化。

游戏完成度

☆☆☆☆☆

宝宝活跃度

☆☆☆☆☆

家长满意度

☆☆☆☆☆

3 和气球赛跑

适宜年龄：6~8 个月。
游戏目的：锻炼宝宝的运动能力和随机反应能力。
游戏场所：光线充足、氛围欢快的室外或室内。
游戏道具：两个气球。
游戏时间：每次 5 分钟，可重复 3~5 次。

温馨提示：

气球不要吹太大，以免发生爆炸。

还可以这样玩：

妈妈可以和宝宝打球，妈妈轻轻用手把气球打向宝宝，让宝宝学会伸手打空中的气球。

家长笔录

游戏步骤

1 STEP

妈妈先让宝宝触摸和玩耍气球，让宝宝对气球产生兴趣后，妈妈可以把气球放到宝宝前方，让宝宝爬行去拿气球。

2 STEP

宝宝接近气球时，妈妈可以吹一下气球让气球离远点，让宝宝再次往前爬。

3 STEP

当宝宝拿到气球，妈妈要给宝宝夸奖和鼓励。

游戏完成度 ☆☆☆☆☆

宝宝活跃度 ☆☆☆☆☆

家长满意度 ☆☆☆☆☆

4 身体在说话

适宜年龄：9 个月 ~1 岁。
游戏目的：让宝宝学会用肢体语言表达内心简单的想法。
游戏场所：光线充足的室内或阳光柔和的户外。
游戏时间：每次 4 分钟。

温馨提示：

宝宝如果长时间没有办法用语言表达自我，就会有焦虑情绪。身体语言能帮助宝宝表达自己的意愿，因而能调节宝宝焦虑的情绪。

还可以这样玩：

妈妈可以准备一些杯子，里面放有不同味道的水，让宝宝用舌头尝，让宝宝品尝不同的味道。

家长笔录

游戏步骤

1 STEP

妈妈和宝宝面对面，妈妈一边拍拍肚子一边告诉宝宝：“这说明妈妈吃饱了。”

2 STEP

妈妈一边用手在鼻前扇扇或捏着鼻子一边告诉宝宝：“这说明鼻子前面有臭臭的东西。”

3 STEP

妈妈还可以教宝宝更多的动作，比如致谢、再见等。等宝宝熟悉这些后，妈妈可以测试一下，看宝宝的反应是否正确。

游戏完成度 ☆☆☆☆☆

宝宝活跃度 ☆☆☆☆☆

家长满意度 ☆☆☆☆☆

5 小铃铛在唱歌

适宜年龄：9 个月 ~1 岁。
游戏目的：锻炼宝宝的手臂操控能力和肢体的灵活性。
游戏场所：光线充足、柔和的安静室内。
游戏道具：一个小铃铛，一条绳子。
游戏时间：每次 3 分钟，可重复 2~3 次。

温馨提示：

绳子不要太长，以免宝宝摆动绳子的时候不方便。

还可以这样玩：

可以多串几个小铃铛，让宝宝感受多个铃铛发出的声音。

家长笔录

游戏步骤

妈妈把事先准备好的铃铛用细绳绑好，向宝宝展示，吸引宝宝的注意力。

妈妈抓着绳子的一端，然后晃动绳子，使得小铃铛发出声音。这时，妈妈可以告诉宝宝：“小铃铛在唱歌，唱歌唱给宝宝听。”

妈妈把小铃铛给宝宝玩，引导宝宝手握绳子的一端摇动铃铛，使铃铛发出声音。

游戏完成度

☆☆☆☆☆

宝宝活跃度

☆☆☆☆☆

家长满意度

☆☆☆☆☆

6 够得着的玩具

适宜年龄：9 个月 ~1 岁。
游戏目的：培养宝宝初步使用工具的意识，增强宝宝控制身体平衡的能力。
游戏场所：光线充足、柔和的安静室内。
游戏道具：一个小熊玩具，一支彩色笔，一个小柜子。
游戏时间：每次 3 分钟，可重复 2~3 次。

温馨提示：

准备的小熊玩具不要太重，以免玩具掉下来砸到宝宝。宝宝站的位置也不要贴着柜子，以免宝宝磕碰到柜子。

还可以这样玩：

可以换成宝宝感兴趣的玩具来进行游戏。

家长笔录

游戏步骤

妈妈将小熊玩具放在小柜子上，让宝宝举起双手拿却拿不到。

妈妈蹲下来对宝宝说：“宝宝还够不着玩具该怎么办呢？”妈妈拿出一支彩色笔，让宝宝握住，对宝宝说：“如果宝宝举起彩色笔会够得着吗？”

妈妈协助宝宝举起彩色笔去够小熊玩具，将玩具拨到地面，然后妈妈可以把玩具拿给宝宝玩。

游戏完成度 ☆☆☆☆☆

宝宝活跃度 ☆☆☆☆☆

家长满意度 ☆☆☆☆☆

7 宝宝过桥

适宜年龄：9 个月 ~1 岁。
游戏目的：锻炼宝宝膝盖弯曲伸直的能力，增强宝宝控制身体平衡的能力。
游戏场所：光线充足、氛围欢快的室外或室内。
游戏道具：一个玩具小桥，或利用家里的家具搭建一座小桥。
游戏时间：每次 3 分钟，可重复 3~4 次。

温馨提示：

这种游戏对宝宝的腿部锻炼很有帮助，为宝宝以后灵活地走路打下基础。

还可以这样玩：

妈妈可以在家里用小矮凳、矮茶几等搭建一座小桥。

家长笔录

游戏步骤

妈妈牵着宝宝的手，指着前面的小红桥告诉宝宝：“这是小桥，人们过河都要通过它。”

妈妈对宝宝说：“现在我们上桥了。”引导宝宝抬高脚跨上小桥，直到宝宝在桥上站好。

妈妈对宝宝说：“现在我们下桥了。”妈妈引导宝宝先把一只脚放下来，再放下另一只脚。

游戏完成度 ☆☆☆☆☆

宝宝活跃度 ☆☆☆☆☆

家长满意度 ☆☆☆☆☆

8 走走不同的感觉

适宜年龄：9 个月 ~1 岁。
游戏目的：训练宝宝爬和行走的能力，让宝宝在不同质地的垫子上感受不同的触觉刺激。
游戏场所：光线充足，让宝宝感到舒服的客厅里。
游戏道具：家中各种质感的可以平铺的材料。
游戏时间：每次 5 分钟。

温馨提示：

宝宝行走前，妈妈要用手对材料的表面抚摸一遍，检查会不会有尖锐物体。

还可以这样玩：

可以让宝宝分别穿着鞋和光着脚走过去，让宝宝感受其不同。

家长笔录

游戏步骤

先将塑料地毯、草垫和毛毯平铺在地面，形成一条小路。

妈妈把宝宝放在垫子上，让宝宝从一端爬到另一端。

宝宝爬到终点后，妈妈双手扶起宝宝，扶着宝宝在垫子上行走，让宝宝更深切地感受到不同质地的垫子的触觉。

游戏完成度 ☆☆☆☆☆

宝宝活跃度 ☆☆☆☆☆

家长满意度 ☆☆☆☆☆

9 拉车大力士

适宜年龄：9 个月 ~1 岁。
游戏目的：锻炼宝宝手臂的力量，培养宝宝的自信。
游戏场所：光线柔和、安静的宽敞客厅或室外。
游戏道具：一个小木箱，一条毛巾，几个毛绒玩具。
游戏时间：每次 5 分钟，可重复 3~5 次。

温馨提示：

一定要用柔软的毛巾，麻绳或包装绳可能会让宝宝的小手感到不舒服。

还可以这样玩：

妈妈可以不断往小箱子里加入重的东西，直到宝宝拉不动为止。最后妈妈用电子秤称一下宝宝能拉动多少重量的东西。

家长笔录

游戏步骤

1 STEP

妈妈先将长毛巾绑在小木箱的一端，然后和宝宝一起往里面放入许多毛绒玩具。

2 STEP

妈妈握住毛巾的另一端，然后拉动小箱子。妈妈对宝宝说:“宝宝，快看，妈妈在拉小车哦。”

3 STEP

妈妈把毛巾给宝宝握住，妈妈引导宝宝扯动毛巾，让小箱子移动。妈妈要不断鼓励宝宝多用力。

游戏完成度 ☆☆☆☆☆

宝宝活跃度 ☆☆☆☆☆

家长满意度 ☆☆☆☆☆

10 宝宝网小鱼

适宜年龄：9 个月 ~1 岁。

游戏目的：锻炼宝宝的手眼协调能力和上肢控制能力，锻炼宝宝整个身体的动作协调性。

游戏场所：光线充足、柔和的安静室内。

游戏道具：一个呼啦圈，一些纸杯。

游戏时间：每次 5 分钟。

温馨提示：

选择海绵或泡沫制成的呼啦圈，宝宝才举得动。

还可以这样玩：

妈妈可以将纸杯倒扣在地上，叠成金字塔状，然后和宝宝坐在稍远处，一起滚动呼啦圈撞倒纸杯。

家长笔录

游戏步骤

在离宝宝前方半米远放一些纸杯，妈妈对宝宝说：“现在我和宝宝在河边，这些纸杯是河里的小鱼，让我们一起把它们都网过来。”

妈妈拿出一个呼啦圈，示范给宝宝看如何将呼啦圈举起来套住纸杯。

妈妈和宝宝一起用呼啦圈将纸杯套住，游戏后妈妈告诉宝宝：“我们这次网到了好多鱼。”

游戏完成度

☆☆☆☆☆

宝宝活跃度

☆☆☆☆☆

家长满意度

☆☆☆☆☆

11 成长记录

宝宝的营养公式

花椰菜、牛奶、奶酪、大豆、海带、紫菜、虾皮、芝麻、山楂、木耳、西兰花、菠菜……

鲑鱼、沙丁鱼、蛋黄、大米、杏仁、牛奶、鱼肝油、鸡肝、猪肝、鳗鱼、秋刀鱼……

钙 + 维生素 D = 强健骨骼

杏仁、花生、小麦胚芽、向日葵、大豆、植物油、芽甘蓝、绿叶蔬菜……

樱桃、番石榴、柿子、青花菜、草莓、黑木耳、大枣、黄椒、芥蓝菜花……

维生素 E + 维生素 C = 提高视力

胡萝卜、杏仁、哈密瓜、甘薯、木瓜、甘蓝菜、菠菜、黄玉米、南瓜……

核桃、花生、橄榄油、亚麻籽、芝麻、鳄梨、黄油、火腿、腊肠、熏肉、牛奶……

β - 胡萝卜素 / 维生素 A + 维生素 D = 强健骨骼

菠菜、猪血、芝麻酱、黑木耳、桂圆、银耳、大豆、豆腐干、桃干、松子、糯米、鸡肝……

大枣、白菜、香菜、油菜、柑橘、木瓜、黄花菜、豆角、金花菜、大蒜……

铁 ＋ 维生素 C ＝ 增加皮肤光泽

扇贝、全麦面包、香菇、叉烧肉、南瓜子、香肠、奶酪、牛肉干、鸡蛋粉、甘草……

洋葱、大蒜、白萝卜、香菜……

锌 ＋ 硫化物 ＝ 增强免疫系统的机能

甘蓝菜、菠菜、芜菁、花椰菜、卷心菜、紫菜、红糖……

大米、馒头、面条、面包、玉米面、鸡蛋、麦乳精、香菇、草菇、黄豆、绿豆……

维生素 K ＋ 脂肪 ＝ 增加皮肤光泽

3

Chapter

1~2岁

1~2 岁是宝宝的吸收性思维和各种感觉、知觉发展最为关键的时期。1~2 岁也是宝宝的器官协调、肌肉发展和对物品发生兴趣的敏感时期。这一时期被称为“学步期”或“运动时代”，是宝宝学会走路、灵活控制自己身体部位的关键时期。由于这时宝宝对大人的模仿能力越来越强，家长在教宝宝玩游戏的时候，最好先示范给宝宝看。这个时期家长应注意培养宝宝勇于挑战的品格。

7 找妈妈

适宜年龄：1~2 岁。
游戏目的：锻炼宝宝的语言理解能力和行走能力。
游戏场所：温暖、安静的房间里。
游戏道具：一把小椅子，一辆汽车玩具。
游戏时间：每次 4 分钟，可重复 3~4 次。

温馨提示：

妈妈要注意宝宝的情绪，如果宝宝扑到妈妈的怀里，妈妈要及时安抚及表扬宝宝。

还可以这样玩：

爸爸可以参与进来，先是爸爸藏在屋子的某个地方，然后妈妈和宝宝一起去找。

家长笔记

游戏步骤

1 STEP

妈妈躲在椅子背后，对宝宝说："妈妈在这里，宝宝快来找妈妈。"让宝宝循着声音去找妈妈。

2 STEP

当宝宝靠近妈妈时，妈妈将椅子挪到一边，伸出双手拥抱宝宝说："宝宝找到妈妈了。"

3 STEP

游戏完成后，妈妈陪宝宝玩宝宝喜欢的玩具，以表示对宝宝的鼓励。

游戏完成度

☆☆☆☆☆

宝宝活跃度

☆☆☆☆☆

家长满意度

☆☆☆☆☆

2 妈妈的好帮手

适宜年龄：1~2 岁。
游戏目的：让宝宝对劳动产生兴趣。
游戏场所：光线充足、柔和的安静室内。
游戏道具：一条长绳子，一些夹子、小袜子，一个篮子。
游戏时间：每次 6 分钟。

温馨提示：

宝宝 1 岁以后很喜欢模仿大人的动作，大人要抓住这个时机，培养宝宝的自理能力，促进宝宝的身心健康发展。

还可以这样玩：

妈妈说："出太阳啦！"宝宝把袜子挂上。妈妈说："下雨啦！"宝宝把袜子取下来。

家长笔记

游戏步骤

1 STEP

妈妈先在家里拉好绳子作晾衣服用，用夹子夹住袜子挂在绳上，告诉宝宝妈妈在晒袜子。

2 STEP

妈妈将干的袜子取下，告诉宝宝袜子干了要收回房间。

3 STEP

妈妈教宝宝用两根手指用力使夹子的嘴巴张开，然后用夹子夹住袜子。

游戏完成度

☆☆☆☆☆

宝宝活跃度

☆☆☆☆☆

家长满意度

☆☆☆☆☆

3 追汽车

适宜年龄：1~2 岁。
游戏目的：锻炼宝宝动作的协调性。
游戏场所：宽敞的客厅或阳光柔和的室外。
游戏道具：一条长绳，一个玩具小汽车。
游戏时间：每次 5 分钟。

温馨提示：

游戏场所内，不要留有障碍物，以免绊倒宝宝。游戏结束后，要把绳子收好，防止宝宝单独玩绳子。

还可以这样玩：

可以把其他不同的玩具（如青蛙、小猫等）用绳子系住，让宝宝追着玩。

家长笔记

游戏步骤

1 STEP

妈妈和宝宝坐在一起。妈妈拿出玩具小汽车，将长绳系在小车上。妈妈对宝宝说：“汽车抛锚了，我们要把它拖走。”

2 STEP

妈妈站起来走在前面，一只手扯着绳子拖动小汽车，鼓励宝宝在后面追小汽车。妈妈可以说：“汽车嘟嘟开，宝宝快快追。”

3 STEP

当宝宝追上小汽车后，妈妈抱着宝宝，让宝宝玩小汽车。

游戏完成度

☆☆☆☆☆

宝宝活跃度

☆☆☆☆☆

家长满意度

☆☆☆☆☆

4 小马送粮食

适宜年龄：1~2 岁。
游戏目的：锻炼宝宝的爬行能力，培养宝宝的耐心和控制力。
游戏场所：宽敞、明亮、整洁的室内。
游戏道具：一个小马头饰，一本薄的书。
游戏时间：每次 5 分钟，可重复 3~4 次。

温馨提示：

宝宝年龄小，胆子也小，动作协调性和灵敏性都比较差，所以妈妈要多帮助和鼓励宝宝。

还可以这样玩：

在“小马”送粮食的路途上可以用枕头设置“小山”，用呼啦圈设置“山洞”。

家长笔记

游戏步骤

1 STEP

妈妈给宝宝戴上小马头饰，告诉宝宝：“你现在是一匹厉害的小马，要把粮食运到山那边去。”妈妈拿书给宝宝看，告诉宝宝这是要运的粮食。

2 STEP

让宝宝趴在地上，然后妈妈把书放到宝宝的背上，让宝宝背着书往前爬，爬行中要保持平衡不让书掉下来。

3 STEP

当宝宝爬行一段距离后让宝宝站立起来，拿下背上的书，将书交给妈妈。

游戏完成度

☆☆☆☆☆

宝宝活跃度

☆☆☆☆☆

家长满意度

☆☆☆☆☆

5 大路直直走

适宜年龄：1~2 岁。

游戏目的：锻炼宝宝行走的方向感，提高宝宝身体的平衡能力。

游戏场所：环境安静，干净的地毯上。

游戏道具：一个长条形垫子，一个小熊玩具。

游戏时间：每次 3 分钟，可重复 2~3 次。

温馨提示：

游戏中，大人要注意宝宝的安全，不要让宝宝因为心急走路而摔倒。

还可以这样玩：

如果在户外玩耍，可以在路上画一条直线，让宝宝沿着直线走。

家长笔记

游戏步骤

在前面放置一个长条形垫子，然后妈妈拿出小熊玩具在垫子上移动，告诉宝宝：“小熊在马路上直直向前走。”

妈妈拿着小熊玩具走在前面，让宝宝跟在妈妈身后走，妈妈告诉宝宝：“走路要像小熊一样走直线。”

让宝宝自己一个人走，走完路程后，妈妈要夸奖宝宝做得很棒。

游戏完成度
☆☆☆☆☆
宝宝活跃度
☆☆☆☆☆
家长满意度
☆☆☆☆☆

6 交通工具大荟萃

适宜年龄：1~2 岁。

游戏目的：让宝宝进行全身运动，训练宝宝在快步行走中保持身体平衡。

游戏场所：光线充足、柔和的安静室内。

游戏时间：每次 4 分钟。

温馨提示：

宝宝行走过快，变换姿势时容易控制不住，家长在变换姿势前要告诉宝宝该变什么姿势。

还可以这样玩：

妈妈说交通工具，宝宝模仿动作并发出对应的声音。

家长笔记

游戏步骤

妈妈向前分开双手，像握住方向盘一样动起来，口中念道：“嘟嘟嘟……汽车来了！”让宝宝模仿妈妈的动作，扮作汽车。

妈妈把手臂屈起，双臂前后拉动，口中念道：“轰隆隆……火车来了！”让宝宝模仿妈妈的动作，扮作火车。

妈妈展开双臂，就像飞机双翼一样，时而左转，时而右转，口中念道：“嗡嗡嗡……飞机来了！”让宝宝模仿妈妈的动作，扮作飞机。

游戏完成度

☆☆☆☆☆

宝宝活跃度

☆☆☆☆☆

家长满意度

☆☆☆☆☆

7 铁桶向前滚

适宜年龄：1~2 岁。
游戏目的：提高宝宝的协调能力和工作能力。
游戏场所：光线充足、柔和的安静室内。
游戏道具：铁桶或类似的圆柱状物体。
游戏时间：每次 5 分钟，可重复 3~5 次。

温馨提示：

妈妈要注意检查铁桶是否有锋利的开口，以免对宝宝造成伤害。

还可以这样玩：

往铁桶里面添加一些豆子之类的物品，当铁桶滚动的时候发出声音，增加宝宝对游戏的兴趣。

家长笔记

游戏步骤

1 STEP

妈妈拿出一个铁桶放在地上，然后示范给宝宝看如何用双手将铁桶滚动。

2 STEP

妈妈让宝宝将双手放在铁桶上，然后不断向前推铁桶。

3 STEP

当宝宝熟练之后，可以将两个铁桶贴着放在地上，让宝宝用手推滚两个铁桶前进。

游戏完成度

☆☆☆☆☆

宝宝活跃度

☆☆☆☆☆

家长满意度

☆☆☆☆☆

8 扔纸团比赛

适宜年龄：1~2 岁。
游戏目的：锻炼宝宝的手腕、手臂力量。
游戏场所：光线充足、柔和的安静室内。
游戏道具：一些废报纸，一个筐。
游戏时间：每次 6 分钟，可重复 2~3 次。

温馨提示：

可以根据宝宝力气的大小，调整筐的远近。

还可以这样玩：

可以将筐放置在高处，让宝宝用纸团投篮。

家长笔记

游戏步骤

1 STEP

妈妈拿出一些废报纸，教宝宝揉报纸，揉成大纸团、小纸团。

2 STEP

在距离宝宝 20~30 厘米的地方，放置一个筐，妈妈示范给宝宝看如何把纸团扔进筐里。

3 STEP

妈妈举起宝宝的手臂，带领宝宝扔出纸团，当宝宝熟练后，妈妈和宝宝比赛扔纸团，看谁扔进的多。

游戏完成度

☆☆☆☆☆

宝宝活跃度

☆☆☆☆☆

家长满意度

☆☆☆☆☆

9 宝宝跳圈圈

适宜年龄：1~2 岁。
游戏目的：锻炼宝宝的行走能力和跨越障碍时身体的平衡能力。
游戏场所：光线充足、氛围欢快的室外或室内。
游戏道具：一些积木。
游戏时间：每次 2 分钟，可重复 2~3 次。

温馨提示：

注意宝宝的安全。有时候宝宝越害怕越不敢迈步，也因此越容易摔倒。家长要给宝宝鼓励，让宝宝勇敢地完成游戏。

还可以这样玩：

可以用跳进跳出的方式和宝宝玩这个游戏。

家长笔记

游戏步骤

1 STEP

妈妈和宝宝一起在地上用积木围成一个圈。

2 STEP

妈妈带领宝宝一起抬起脚，让宝宝不碰倒积木，小心地跨进圆圈里。

3 STEP

当宝宝进到圈里后，妈妈鼓励宝宝不碰到积木自己一个人跨出圈外。

游戏完成度 ☆☆☆☆☆

宝宝活跃度 ☆☆☆☆☆

家长满意度 ☆☆☆☆☆

10 小英雄救小鸭

适宜年龄：1~2 岁。
游戏目的：锻炼宝宝的运动能力，培养宝宝保护小动物的爱心。
游戏场所：光线充足、柔和的安静室内。
游戏道具：两个枕头，一个塑料桶，一个大鸭子玩具，一个小鸭子玩具。
游戏时间：每次 5 分钟。

温馨提示：

注意宝宝的安全。大人要鼓励宝宝不断加快爬行的速度，让宝宝的运动能力得到进一步的提高。

还可以这样玩：

可以添加多些障碍物，包含一些宝宝可以抬脚跨过和必须绕道过去的物体。

家长笔记

游戏步骤

妈妈先在篮子里放一个小鸭玩具，篮子前面放上两个枕头当做障碍。妈妈告诉宝宝："小鸭被困在篮子里，宝宝要帮鸭子妈妈把小鸭救回来。"

让宝宝穿过障碍去把小鸭拯救出来。

当宝宝拿着小鸭重新回到妈妈身边时，妈妈拿起大鸭子玩具，告诉宝宝："宝宝救了小鸭，鸭妈妈要感谢你。"

游戏完成度
☆☆☆☆☆
宝宝活跃度
☆☆☆☆☆
家长满意度
☆☆☆☆☆

11 成长记录

对宝宝大脑有害的食品

1 富含白糖、蜂蜜的食品

白糖或单糖无法为大脑提供大量的能量，因此应该限制宝宝食用可口可乐、糖、饼干、冰淇淋、番茄酱等食品。

2 让钙等矿物质流失的食品

钙是大脑发育不可或缺的营养素，一般情况下，可口可乐等碳酸饮料会导致人体的钙流失。

3 富含氧化不饱和脂肪酸的食品

氧化不饱和脂肪酸会妨碍大脑神经传递物起作用，降低记忆力和学习能力。在日常生活中，应该适当地限制宝宝食用冷冻青背鱼类、长时间保存的肉类和油炸食品。

4 速食和垃圾食品

加工的冷冻食品能让体内矿物质铅大量流失，当速食内的不饱和脂肪酸燃烧时，就会产生过氧化脂肪，容易导致大脑疲劳。在日常生活中，应当适当地限制宝宝食用汉堡包、比萨饼、拉面、热狗、烤鸡翅等食品。

5 富含麸质的食品

富含麸质的食物不容易被人体消化，因此会妨碍向大脑的营养供给。另外，富含麸质的食品会损伤小肠的黏膜，妨碍营养的吸收。用面粉所制成的拉面、面包、饼干等食品中含有大量麸质。

6 含铝的食品

铝是细胞的“杀手”，当血铝浓度达到15毫克/100毫升时，就会引起儿童发育迟缓和智力减退，而且年龄越小神经的损伤越严重。含铝的食品有爆米花、皮蛋等。

7 烧烤食品

烧烤肉类不仅带来上火的问题，而且在烤制的过程当中，木炭、煤火等燃料所产生的多环芳烃会污染食物，肉类也会产生致癌物。因此宝宝应当少吃烤制的肉类。

8 过咸的食品

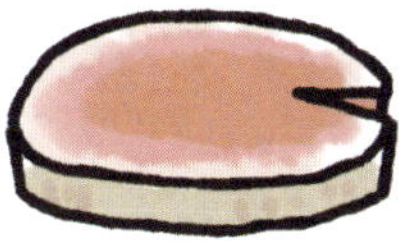

过咸的食品不但会引起动脉硬化等疾病，而且还会损坏动脉血管，影响脑组织的血液供给，造成脑细胞的缺血缺氧，导致记忆力下降、反应迟钝。咸菜、榨菜、熏肉、豆瓣酱等都是较咸的食品。

9 含糖精、味精过多的食品

味精是很多家庭的必备调味料，但是宝宝食用味精过多，会对脑细胞造成破坏，而糖精过多同样损害脑细胞的组织，影响宝宝的健康发育。

10 饮食过量

有些家庭因为宠爱宝宝，每天给宝宝提供大量的饮食，这样不仅会引发肥胖，还会降低大脑的血流量，影响宝宝的脑部发育。每天应当合理搭配和安排宝宝的饮食，适量营养即可。

11 罐头食品

罐头食品是一种非常方便快捷的食品，但是很多水果、肉类罐头都破坏了食物中的营养成分，并且所含有的糖分或是盐分都比较高，罐头中的防腐剂对宝宝而言更是“大脑杀手”，严重影响宝宝的健康发展。

12 泡泡糖类食品

香甜有趣的泡泡糖是很多宝宝喜爱的零食，但是它的主要成分是橡胶和增塑剂。增塑剂的代谢产物在消化道被吸收后，会对宝宝大脑产生不良影响，也是造成宝宝睡梦中磨牙和睡眠质量不高的原因之一。

4

Chapter

2~3岁

2岁以后的宝宝，四肢和躯干开始快速生长，宝宝的运动能力也相应提高，光走路已经不能满足宝宝的活动量了。这时候家长可以教宝宝跑，并通过一些追赶游戏，让宝宝感受到跑的乐趣。而通过之前两年的学习，宝宝的手和眼已经可以很好地协调以操纵物体，进行活动了。家长可以设置一些复杂点的游戏，让宝宝全身都能动起来，增强宝宝身体各环节的协调性。

7 鞭炮轰隆响

适宜年龄：2~3 岁。

游戏目的：提高宝宝身体的灵活性，提高宝宝的肢体协调能力。

游戏场所：温暖、安静的房间里。

游戏时间：每次 5 分钟，可重复 3~5 次。

温馨提示：

不要在宝宝刚睡醒或身体疲惫的时候做这个游戏。做游戏前，可以让宝宝先活动活动身体。

还可以这样玩：

妈妈和宝宝玩剪刀石头布，输的一方来做鞭炮。

家长笔记

游戏步骤

1 STEP

妈妈先让宝宝蹲下来，让宝宝双手握住脚踝，把头埋在双腿间，妈妈在旁边唱过年的儿歌。

2 STEP

妈妈用手轻轻抚摸宝宝的头，一边做出点鞭炮的动作一边对宝宝说：“妈妈要点大鞭炮了。”

3 STEP

宝宝等妈妈做完点鞭炮的动作后，慢慢放松身体，用力向上跳，同时嘴里发出“轰隆”的声音。

游戏完成度
☆☆☆☆☆
宝宝活跃度
☆☆☆☆☆
家长满意度
☆☆☆☆☆

2 宝宝爱劳动

适宜年龄：2~3 岁。
游戏目的：通过屈伸和行走，锻炼宝宝肌肉，培养宝宝爱劳动的习惯。
游戏场所：光线充足、柔和的安静室内。
游戏道具：两个玩具。
游戏时间：每次 3 分钟。

温馨提示：

不要让宝宝搬过大的东西，以免使宝宝造成运动损伤。

还可以这样玩：

平时每次玩游戏结束，都让宝宝把玩具收拾好，放回原处。

家长笔记

游戏步骤

1 STEP

在宝宝心情愉悦时，告诉宝宝：“我们一起做一个爱劳动的游戏。”

2 STEP

妈妈和宝宝一起把散落的玩具收拾起来。

3 STEP

妈妈告诉宝宝：“地上不能随便乱放东西，宝宝这样做真乖。”妈妈和宝宝互相拿着手中的玩具碰一碰，互相鼓励。

游戏完成度 ☆☆☆☆☆

宝宝活跃度 ☆☆☆☆☆

家长满意度 ☆☆☆☆☆

3 鱼儿快快游

适宜年龄：2~3 岁。
游戏目的：练习自由跑步，训练宝宝动作的灵敏性。
游戏场所：阳光柔和、安静的阳台或户外。
游戏道具：一根棍子，一个呼啦圈，一个小鱼头饰。
游戏时间：每次 5 分钟，可重复 3~5 次。

温馨提示：

选择泡沫或海绵包裹圈体的呼啦圈，以免弄疼宝宝。

还可以这样玩：

可以在游戏场地中放一个呼啦圈，当宝宝在呼啦圈中，妈妈就不能钓小鱼，而圈外可以放一些小球，让宝宝走到圈外收集小球，并避免被妈妈的网捕到。

家长笔记

游戏步骤

妈妈拿出一个小鱼头饰，一边给宝宝戴上一边对宝宝说：“现在宝宝来扮一条漂亮的小鱼哦。”

妈妈举起呼啦圈对宝宝说：“现在妈妈要捕捉小鱼啦，小鱼要游得快一点哦。”宝宝在前面跑，妈妈在后面举着呼啦圈准备套住宝宝。

当妈妈用呼啦圈套住宝宝时，那么妈妈就捕到了宝宝这条“小鱼”。

游戏完成度
☆☆☆☆☆

宝宝活跃度
☆☆☆☆☆

家长满意度
☆☆☆☆☆

4 小狗模仿秀

适宜年龄：2~3 岁。
游戏目的：培养宝宝的模仿能力和表演能力。
游戏场所：光线充足、氛围欢快的室外或室内。
游戏道具：一个小狗头饰，一些糖果。
游戏时间：每次 4 分钟。

温馨提示：

妈妈平时带宝宝多观察动物，多给宝宝讲解动物习性。

还可以这样玩：

模仿鸭子、马、牛等动物，让宝宝对各种动物有更深的记忆。

宗长笔记

游戏步骤

妈妈给宝宝戴上小狗头饰，对宝宝说：“现在由宝宝来扮演一只机灵的小狗。”

妈妈提出有关小狗的问题，宝宝进行模仿或回答，如：狗狗洗完澡会怎么样？宝宝摇头晃脑抖动身体。

游戏完成后，妈妈给宝宝糖果以示奖励。

游戏完成度
☆☆☆☆☆
宝宝活跃度
☆☆☆☆☆
家长满意度
☆☆☆☆☆

5 气球飞高高

适宜年龄：2~3 岁。
游戏目的：锻炼宝宝的大动作能力及身体的平衡能力。
游戏场所：光线充足、柔和的安静室内。
游戏道具：一个气球，两块硬纸板（或两本硬皮书）。
游戏时间：每次 5 分钟。

温馨提示：

选择宽敞开阔的场地做游戏，以免宝宝玩得忘形时被碰伤。

还可以这样玩：

也可以把气球换成乒乓球，让宝宝尝试向上打乒乓球而使它不掉落，增加游戏难度。

家长笔记

游戏步骤

妈妈拿着一块硬纸板，在纸板上放一个气球，然后妈妈通过抖动纸板，使气球往上升。

让宝宝学着妈妈刚才的动作，自己用纸板托住气球，使气球在空中飘动。

宝宝熟悉游戏后，妈妈和宝宝两人拿着硬纸板，互相合作，看看能坚持使气球多久不落地。

游戏完成度
☆☆☆☆☆

宝宝活跃度
☆☆☆☆☆

家长满意度
☆☆☆☆☆

6 捉彩条

适宜年龄：2~3 岁。

游戏目的：让宝宝练习走和跑的动作，增加宝宝与家长一起玩游戏的乐趣。

游戏场所：光线充足、柔和的安静室内。

游戏道具：一条彩带。

游戏时间：每次 5 分钟。

温馨提示：

家长在与宝宝玩捉彩带时，要达到让宝宝走和跑的目的，同时要根据宝宝的体质来决定游戏时间的长短。

还可以这样玩：

用彩带将妈妈和宝宝相邻的脚绑住，两人一同行走。

家长笔记

游戏步骤

1 STEP

妈妈拿出一条彩带给宝宝看，对宝宝说：“这是妈妈的小尾巴，等下宝宝能抓到它吗？”

2 STEP

妈妈将彩带系在后腰上，然后妈妈在前面慢慢跑，宝宝在后面追，直到宝宝抓到彩带。

3 STEP

互换角色，由宝宝系着彩带跑，妈妈在后面追。

游戏完成度 ☆☆☆☆☆

宝宝活跃度 ☆☆☆☆☆

家长满意度 ☆☆☆☆☆

7 淘气小皮球

适宜年龄：2~3 岁。
游戏目的：锻炼宝宝的反应能力和判断能力。
游戏场所：光线充足、柔和的安静室内。
游戏道具：一个小皮球。
游戏时间：每次 5 分钟，可重复 4~5 次。

温馨提示：

游戏中，宝宝身边绝对不能有障碍物，以防宝宝在接小皮球的时候不小心摔倒。妈妈抛小皮球的时候要尽量控制让球落在宝宝附近。

还可以这样玩：

可以多增加几个小皮球，宝宝可以拿着一个小篮子来接妈妈抛来的小皮球。

家长笔记

游戏步骤

1 STEP

妈妈站在宝宝面前，拿出小皮球，让宝宝用手抓握感受一下小皮球。

2 STEP

妈妈拿回小皮球，在距离宝宝大约 1 米处，背对宝宝，然后双手握住小皮球，向上举起，对宝宝说："淘气的小皮球要来咯，宝宝仔细看，宝宝能接住吗？"

3 STEP

妈妈轻轻将小皮球向后高抛，宝宝伸出双手去接小皮球。当宝宝接住小皮球，妈妈要夸奖宝宝真棒。

游戏完成度

☆☆☆☆☆

宝宝活跃度

☆☆☆☆☆

家长满意度

☆☆☆☆☆

8 小模特走台步

适宜年龄：2~3 岁。

游戏目的：锻炼宝宝的身体平衡能力和专注力，培养宝宝保持良好的体态。

游戏场所：环境整洁、宽敞的室内或室外。

游戏道具：一个小布偶，一本书。

游戏时间：每次 6 分钟。

温馨提示：

当宝宝已经熟练头顶小布偶，可以让宝宝试试头顶书本。

还可以这样玩：

在地上画一条直线，让宝宝头顶物体的同时走成一条直线。

家长笔记

游戏步骤

1 STEP

妈妈在头顶上放一本书，然后从房间的一端走到另一端，并保持书不掉下来。

2 STEP

妈妈把小布偶放在宝宝头上，让宝宝像妈妈一样从房间的一端走到另一端，如果小布偶掉下来，就要停下来再把布偶放在头上。

3 STEP

妈妈头顶书本，宝宝头顶小布偶，两人同时从房间的一端走到另一端，看谁最快成功到达。

游戏完成度 ☆☆☆☆☆

宝宝活跃度 ☆☆☆☆☆

家长满意度 ☆☆☆☆☆

9 弯曲的小路

适宜年龄：2~3 岁。
游戏目的：锻炼宝宝的精确运动能力。
游戏场所：光线充足、柔和的安静室内。
游戏道具：十几个纸杯或易拉罐。
游戏时间：每次 5 分钟。

温馨提示：

可以利用已经使用过的纸杯以免造成浪费，同时告诉宝宝，培养宝宝的节约意识。

还可以这样玩：

可以将两排纸杯或易拉罐排的间距拉得更宽，让宝宝呈 Z 字形来回跑动，并逐个踢倒纸杯或易拉罐。

家长笔记

游戏步骤

1 STEP

妈妈用纸杯在地上排成两排，中间排出一条小路。

2 STEP

妈妈沿着小路从头走到尾，并告诉宝宝不能碰倒纸杯。

3 STEP

妈妈和宝宝比赛，看谁能更快地走过小路，同时又不把纸杯碰倒。

游戏完成度 ☆☆☆☆☆

宝宝活跃度 ☆☆☆☆☆

家长满意度 ☆☆☆☆☆

10 宝宝学插花

适宜年龄：2~3 岁。

游戏目的：增强宝宝的动手能力，培养宝宝健康的心态。

游戏场所：阳光柔和、安静的阳台或户外。

游戏道具：一个花篮，一些花。

游戏时间：每次 5 分钟。

温馨提示：

妈妈可以将宝宝完成的插花用相机拍下来。

还可以这样玩：

妈妈可以鼓励宝宝把插花送给小伙伴，培养宝宝与人相处的快乐方式。

家长笔记

游戏步骤

1 STEP

妈妈将一个花篮和一些小花摆在地上，妈妈拿起一朵小花给宝宝看，问宝宝：“鲜花漂亮吗？”

2 STEP

妈妈在宝宝面前示范如何将小黄花插在花篮里，并告诉宝宝怎么摆放花朵才好看。

3 STEP

妈妈让宝宝自己一个人完成插花，当宝宝完成后，妈妈要表扬宝宝做得很棒。

游戏完成度 ☆☆☆☆☆

宝宝活跃度 ☆☆☆☆☆

家长满意度 ☆☆☆☆☆

11 成长记录

宝宝的户外行

爸爸妈妈带宝宝到户外散步，既能亲近自然，也可以培养宝宝开朗乐观的心态，增进亲子感情。

why（原因）

很多家长总是把宝宝关在家里保护着，认为宝宝出去会受到伤害，但是适当的户外活动对于宝宝而言是至关重要甚至意义重大的，这密切地关系着他们身心的健康发展。

1. 户外活动可以增强宝宝走、跑、跳、爬的综合能力。

2. 户外活动可以满足宝宝的好奇好动的本性，提高宝宝的创造力。

3. 户外活动可以让宝宝充分接触大自然，享受新鲜空气与阳光。

4. 户外活动可以提高宝宝的观察力、交际能力。

5. 户外活动可以培养宝宝坚强、勇敢的品质。

6. 户外活动可以让宝宝更好地融入社会生活中。

where（地点）

公园　景色优美空气良好，是晒太阳玩游戏的好地方。

动物园　和大自然的伙伴们交朋友，培养爱心。

图书馆　接触书籍，感受读书氛围，培养学习兴趣。

儿童游乐场　和小伙伴们共同游戏的好去处，在游戏中锻炼身体。

科技馆　认识奥妙的世界，体验新奇的科技力量。

少儿类展览馆　感受文化艺术的熏陶，探索自我性格。

HOW（怎么做）

衣

1. 宝宝外出要穿着舒适合体的衣服，连体衣比较适合宝宝活动，不会造成在玩耍中使宝宝肚皮受凉而引发感冒。要给宝宝带上备用的衣服。

2. 给宝宝背部垫一块小毛巾，这样可以防止宝宝背部出汗没能及时擦干，活动结束后直接把毛巾抽掉就可以了。

3. 要根据天气情况及时穿脱宝宝的衣服，保证宝宝保持良好的身体状况。

4. 宝宝的鞋子也很重要，一定要大小合适并且是舒适的材质，以免宝宝感到不适或是摔跤致使脚部扭伤。带上给宝宝替换的袜子。

食

1. 必须带上水、水果和一些点心，一是保证了食物的质量，二是能补充宝宝的体力。

2. 带上宝宝最喜欢的食物，这样会使他的户外活动更愉悦，也增加他对户外活动的喜爱和期待。

3. 不必带过多的食物，也不必在一开始就让宝宝发现食物，以免他只想着喜爱的食物而不参与活动，这就失去了户外活动的意义。

安全

1. 要注意给宝宝采取防晒措施，注意活动场地的湿度和温度。

2. 要注意乘车安全和活动场地的人群安全，不能让宝宝离开家人的视线以外。

3. 控制活动的时间长短，以免宝宝体力消耗太多。

4. 带上一些急用的药品，例如感冒药、腹泻药、清凉油，等等。

5

Chapter

3 岁以上

3 岁以后，宝宝慢慢开始具有更加强健和成熟的外表，上下肢更加苗条。经过之前的锻炼，宝宝已经基本能够掌握爬行、走路、站立和下蹲等基本动作，家长需要注意的是在游戏中要能充分调动宝宝对这几项活动的积极性，使得宝宝的身体协调能力发展得更好。而这一时期，随着宝宝大脑的发育，宝宝可能会对一些简单的游戏开始感到乏味，家长可以选择相应的游戏以刺激宝宝在语言和算术上的思维能力，让宝宝觉得游戏具有挑战性，增加宝宝对游戏的兴趣。

1 玩具大搬家

适宜年龄：3~4 岁。
游戏目的：提高宝宝身体的协调性。
游戏场所：光线充足，让宝宝感到舒服的客厅里。
游戏道具：一个竹筐，一个大篮子。
游戏时间：每次 10 分钟。

温馨提示：

放入篮子里的玩具如果过多，导致宝宝不能提起来时，妈妈可以将玩具分成几份，让宝宝来回搬几次。

还可以这样玩：

收纳前可以教宝宝对玩具进行分类清洁，布类玩具可以放洗衣机清洗，塑料玩具可用清水刷洗。

家长笔记

游戏步骤

宝宝长大后就会有一些小时候的玩具不会再玩了，妈妈可以让宝宝把不玩的玩具收集到筐里。

待宝宝清理好后，妈妈在家里辟出专门的储物空间，让宝宝把玩具收纳好。

妈妈还可以与宝宝一起把不再玩的玩具送给更小的小朋友，让宝宝学会分享。

游戏完成度

☆☆☆☆☆

宝宝活跃度

☆☆☆☆☆

家长满意度

☆☆☆☆☆

2 小球过山洞

适宜年龄：3~4 岁。
游戏目的：培养宝宝做精确动作的能力。
游戏场所：光线充足、氛围欢快的室外或室内。
游戏道具：一个小球。
游戏时间：每次 5 分钟，可重复 2~3 次。

温馨提示：

“山洞”离宝宝越远，游戏难度会更高。

还可以这样玩：

爸爸可以参与进来，爸爸和妈妈两个人用身体做成小洞，看看小球能否顺利通过两个洞。

家长笔记

游戏步骤

1 STEP

妈妈和宝宝一起说：“小手拍拍，小脚跳跳，小腰扭扭，膝盖蹲一蹲，小头点一点，身体动起来。”同时根据说的话来活动身体。

2 STEP

妈妈双手撑地，弯曲双腿，形成一个洞状，然后让宝宝滚动小球，使小球从“洞”里穿过。

3 STEP

让宝宝学着妈妈用双腿做个小洞，然后妈妈滚动球，让球从宝宝身体形成的“洞”里穿过。

游戏完成度 ☆☆☆☆☆

宝宝活跃度 ☆☆☆☆☆

家长满意度 ☆☆☆☆☆

3 好青蛙跳跳

适宜年龄：3~4 岁。

游戏目的：锻炼宝宝的跳跃技巧，发展宝宝身体的柔韧性。

游戏场所：宽敞的室内或阳光柔和的户外。

游戏道具：两个青蛙头饰。

游戏时间：每次 6 分钟，可重复 2~3 次。

温馨提示：

宝宝玩累后，妈妈可以在宝宝休息时给宝宝讲解青蛙的习性。

还可以这样玩：

可以用兔子、袋鼠等擅长跳跃的动物来代替青蛙。

家长笔记

游戏步骤

1 STEP

妈妈拿出两个青蛙头饰，一个戴在宝宝头上，一个戴在妈妈头上，妈妈对宝宝说："现在我和宝宝是两只会跳的大青蛙。"

2 STEP

妈妈带领宝宝做动作，先双脚着地，蹲下后再向上和向前跳。

3 STEP

当宝宝学会双脚跳后，妈妈和宝宝玩追逐游戏。妈妈在前面跳，宝宝在后面追。

游戏完成度

☆☆☆☆☆

宝宝活跃度

☆☆☆☆☆

家长满意度

☆☆☆☆☆

4 扔皮球

适宜年龄：3~4 岁。

游戏目的：锻炼宝宝对力量的精准控制，发展宝宝的空间判断能力。

游戏场所：宽敞、明亮、整洁的室内。

游戏道具：三个颜色不同的小筐，一个小皮球。

游戏时间：每次 6 分钟，可重复 3~5 次。

温馨提示：

彩色的筐对宝宝认识颜色会有帮助。

还可以这样玩：

如果是宝宝和其他小朋友在一起，可以让小朋友和宝宝一起来参与这个游戏，比比谁更厉害。

家长记录

游戏步骤

1 STEP

妈妈将三个小筐放在前面，并摆成一条线。然后让宝宝坐在半米之外。

2 STEP

妈妈把一个小皮球拿给宝宝，并指定其中一个颜色的小筐，让宝宝把小皮球扔到指定的小筐里。

3 STEP

如果宝宝将球扔到其他颜色的筐里，妈妈鼓励宝宝继续扔。当宝宝将球扔进指定小筐后，妈妈要夸奖宝宝。

游戏完成度 ☆☆☆☆☆

宝宝活跃度 ☆☆☆☆☆

家长满意度 ☆☆☆☆☆

5 小兔子跳跳

适宜年龄：3~4 岁。
游戏目的：提高宝宝的运动能力和快速反应能力。
游戏场所：宽敞的客厅或室外。
游戏时间：每次 5 分钟，可重复 3~4 次。

温馨提示：

游戏开始前可以先带领宝宝活动各个关节，做热身运动。

还可以这样玩：

妈妈可以快速转换口令，锻炼宝宝的反应能力。

家长记录

游戏步骤

1 STEP

妈妈在宝宝身边唱兔子跳跳的儿歌：“小兔子乖乖，阳光照在小兔子身上，小兔子长高；月亮照在小兔子家里，小兔子蹲下来；小兔子饿了找萝卜，小兔子跳跳。”当唱到“小兔子长高”时，妈妈和宝宝踮起脚尖，伸直身体，双手尽量向上伸展。

2 STEP

当唱到“小兔子蹲下来”时，妈妈和宝宝就一起蹲下来，弯腰低头，双手抱膝。

3 STEP

当唱到“小兔子跳跳”时，妈妈和宝宝把双手放在头的两侧，弯曲身体，双脚离地向前跳。

游戏完成度 ☆☆☆☆☆

宝宝活跃度 ☆☆☆☆☆

家长满意度 ☆☆☆☆☆

6 看数字跳格子

适宜年龄：3~4 岁。

游戏目的：锻炼宝宝的反应能力和运动能力。

游戏场所：光线充足、柔和的安静室内。

游戏时间：每次 8 分钟，可重复 3~5 次。

温馨提示：

刚开始宝宝可能反应没那么快，容易出错，妈妈可以让宝宝先想清楚自己是用单脚还是双脚再跳。

还可以这样玩：

可以让宝宝在单数格用双脚跳，双数格用单脚跳，锻炼宝宝的反向思维能力。

家长笔记

____

____

____

____

游戏步骤

1 STEP

妈妈用粉笔在地上画出 5 个格子，并写上 1~5 五个数字。

2 STEP

妈妈先站在方格上，告诉宝宝规则：“如果宝宝站在 1、3、5 这些数字，就单脚跳跳，站在 2 和 4 时，就双脚跳跳。”妈妈从头到尾跳一遍给宝宝看，如果做错其中一个动作，就从头开始。

3 STEP

让宝宝按照刚才妈妈说的规则，站在 1 的数字方格开始跳。如果宝宝顺利完成游戏，妈妈就要好好鼓励宝宝。

游戏完成度

☆☆☆☆☆

宝宝活跃度

☆☆☆☆☆

家长满意度

☆☆☆☆☆

7 百发百中

适宜年龄：4~5 岁。
游戏目的：训练宝宝动作的精准性。
游戏场所：宽敞的客厅或阳光柔和的室外。
游戏道具：两张椅子，一个塑料盒子，花生若干。
游戏时间：每次 8 分钟，可重复 3~4 次。

温馨提示：

塑料盒子不宜过大，离宝宝的距离在 1 米左右。

还可以这样玩：

可以让宝宝和妈妈先在较近的距离扔，如果顺利扔进了盒子便向后退一步，看看最后谁离塑料盒子最远。

家长笔记

游戏步骤

1 STEP

妈妈和宝宝坐在椅子上，然后妈妈拿起手中的花生扔进前面的塑料盒子里。

2 STEP

妈妈和宝宝轮流扔花生，扔进的就得一分。

3 STEP

手中的花生全部扔完后，得分落后的一方要去捡起所有散落的花生，重新开始游戏。

游戏完成度 ☆☆☆☆☆

宝宝活跃度 ☆☆☆☆☆

家长满意度 ☆☆☆☆☆

8 两人三足

适宜年龄：4~5 岁。

游戏目的：提高宝宝的团队协作能力，增进亲子感情。

游戏场所：环境整洁、宽敞的室内或室外。

游戏道具：一条毛巾。

游戏时间：每次 5 分钟，可重复 2~3 次。

温馨提示：

走的时候，家长要尽量和宝宝保持步调一致。

还可以这样玩：

可以将妈妈、爸爸和宝宝的脚绑在一起，三人一起走路。

家长笔记

____

____

____

____

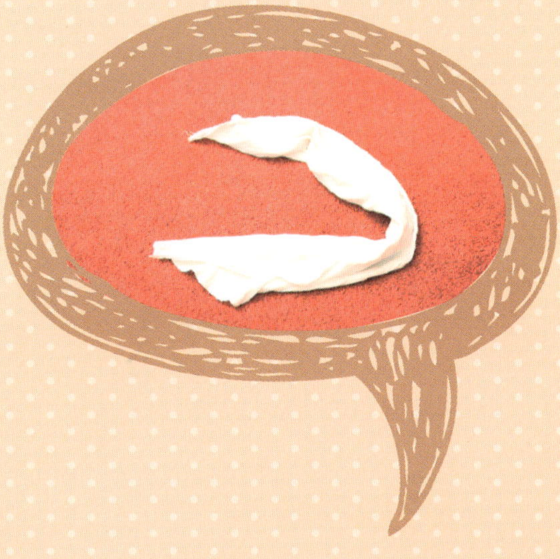

游戏步骤

妈妈和宝宝并排站在房间的一端，然后用毛巾将宝宝和妈妈相邻的两条腿绑在一起。

妈妈喊口令："一、二、三，走。"妈妈和宝宝一起向前走。

当妈妈和宝宝走到终点后，妈妈和宝宝可以互相击掌以示胜利。

游戏完成度

☆☆☆☆☆

宝宝活跃度

☆☆☆☆☆

家长满意度

☆☆☆☆☆

9 多余的小尾巴

适宜年龄：4~5 岁。
游戏目的：训练宝宝奔跑的速度和灵敏性。
游戏场所：宽敞的室内或阳光柔和的户外。
游戏道具：一张旧报纸，胶条若干。
游戏时间：每次 5 分钟，可重复 2~3 次。

温馨提示：

在游戏前，要保证场地没有障碍物，以防宝宝在追跑时摔倒。

还可以这样玩：

把报纸条贴在宝宝身上由妈妈来撕下。

家长笔记

游戏步骤

1 STEP

妈妈和宝宝一起把旧报纸撕成条，然后宝宝用胶条将报纸丝条贴在妈妈的身上当作“小尾巴”。

2 STEP

“小尾巴”贴好后，妈妈在前面跑，让宝宝在后面追，并把妈妈身上的“小尾巴”撕掉。

3 STEP

游戏结束后，看看宝宝撕掉了多少条“小尾巴”。

游戏完成度

☆☆☆☆☆

宝宝活跃度

☆☆☆☆☆

家长满意度

☆☆☆☆☆

10 攀岩小高手

适宜年龄：5~6 岁
游戏目标：锻炼宝宝的攀爬能力和手脚协调能力。
游戏场所：环境整洁、设施安全的儿童游乐园。
游戏时间：每次 5 分钟。

温馨提示：

这种游戏可以到儿童乐园等地方进行，对宝宝的锻炼十分有效。妈妈要注意宝宝在玩游戏时的安全。

还可以这样玩：

可以用爬架子等游戏代替攀岩，宝宝可以和其他小朋友一起游戏。

家长笔记

____

____

____

____

游戏步骤

妈妈和宝宝走到攀岩墙前，妈妈告诉宝宝这个攀岩墙的作用。

鼓励宝宝向上攀爬，妈妈在宝宝身边做必要的保护。

妈妈可以在开始时给予宝宝必要的协助。宝宝完成攀岩后，妈妈和宝宝击掌相庆，表示鼓励。

游戏完成度

☆☆☆☆☆

宝宝活跃度

☆☆☆☆☆

家长满意度

☆☆☆☆☆

11 成长记录

宝宝运动小指标

宝宝出生后，一直在以你意想不到的速度成长，在为宝宝成长欣喜的同时，不能忘了对他的运动能力的培养。下面来看看你家宝宝的运动能力达标了吗?

年龄	运动能力	宝宝完成情况
2个月	俯卧位抬头45度，扶坐时保持头竖直数秒钟，手半握拳或松开	
4个月	俯卧位抬头90度，两臂撑起，扶髋部时能坐，能握住手中物体。	
6个月	从仰卧到俯卧翻身过渡到从俯卧到仰卧翻身，俯卧位时用手支撑，用双手支撑独坐，扶站时喜欢跳跃，可伸手取物。	
8个月	独坐，以腹和肘为支点爬行，玩具能从一手换到另一手，能放下或扔掉手中物件。	
10个月	以手和肘为支点爬行，能从坐位到俯卧或从俯卧到坐位，能扶物站稳，能捏起小物件。	
12个月	独站，一手扶着能行走，会弯腰拾东西，能将圈圈套于木棍上。	